Mourir à 19 ans

Carnet d'un poilu

Gaston Rousseau

Mourir à 19 ans

Carnet d'un poilu

© 2021 Alain Rousseau

Édition : BoD – Books on Demand,
12/14 rond-point des Champs-Élysées, 75008 Paris
Impression : BoD - Books on Demand, Norderstedt, Allemagne

ISBN : 978-2-3223-7819-7
Dépôt légal : septembre 2021

Gaston Rousseau (à gauche) à Saint Cyr le 3 mai 1915

Gaston Rousseau est le frère de mon grand-père paternel. Lorsque j'étais enfant, j'entendais qu'il était mort « à la guerre ». Par la suite j'ai su qu'il fut tué lors de la « grande guerre », celle de 1914-1918, à Verdun, aux confins de l'humanité, là où la lumière se rétractait et où la vie se lançait un défi quotidien.

Gaston Henri Rousseau naît à Aiffres (Deux Sèvres) le 23 octobre 1896 à 5 heures du matin dans une famille de cultivateurs selon son acte de naissance. Après des études pour devenir instituteur, il enseigne durant un an à Cauterets. Il est mobilisé le 6 avril 1915 et suit une formation d'élève aspirant à Saint Cyr avant d'être envoyé au front avec le grade d'aspirant le 29 mars 1916.

Le 9 juin 1916, le 137e régiment d'infanterie vendéen auquel il appartient est transféré depuis la citadelle de Verdun afin de relever les troupes présentes à Thiaumont avec la mission de tenir la position. Son bataillon, le troisième, ainsi que le premier sont déployés en première ligne sur le versant nord du ravin de la Dame (qui sera baptisé par la suite ravin de la Mort) en dépit d'une situation fort peu favorable. En effet, d'une part, le régiment est positionné à contre-pente du ravin de la Dame et dominé par l'ennemi, d'autre part, la liaison avec l'artillerie est défectueuse, et en plus, les deux bataillons sont à découvert sur plus de cinq cents mètres. Par ailleurs, des renseignements obtenus de prisonniers sur le regroupement de pièces d'artillerie ennemies font craindre une attaque imminente.

À l'aube du 10 juin, les deux bataillons aménagent à la hâte leurs positions dans une succession de trous d'obus entre le boyau de Nan et l'ouest du boyau Genêt. Le 11 juin, durant dix heures, les positions françaises sont soumises au pilonnage intensif et permanent de l'artillerie allemande.

Le lundi de Pentecôte 12 juin, à partir de six heures, les troupes allemandes, soutenues par leur artillerie, lancent plusieurs attaques afin de prendre les deux bataillons à revers. À six heures trente, sur la cote 121, Gaston Rousseau est touché mortellement par une balle de mitrailleuse française dans la tempe droite selon le témoignage d'un de ses camarades. Alors que les Français, submergés sur trois côtés à la fois par l'infanterie allemande et manquant de munitions, ont du se rendre, le commandant du 93ᵉ régiment d'infanterie, dans la confusion, a décidé de faire tirer toutes ses mitrailleuses disponibles sur tout ce qui bougeait, c'est-à-dire sur les Français et Allemands mêlés à quelques deux cents ou deux cent cinquante mètres de là.

Gaston sera porté disparu et son corps ne sera jamais identifié. Il n'avait que dix-neuf ans et commandait une section de poilus[1] dont moins d'un quart revinrent indemnes dans leurs foyers. Mes arrière-grands-parents recherchèrent en vain sa tombe pendant plus de quinze ans et finirent par faire apposer une plaque dans l'ossuaire de Douaumont.

Son décès avec la mention « Mort pour la France » fut authentifié par jugement rendu par le Tribunal de Dax le 28 octobre 1920, mais il ne reçut aucune décoration. J'entrepris des démarches afin qu'il soit décoré à titre posthume de la médaille

---

[1] Surnom donné aux soldats de la première guerre mondiale.

commémorative de la bataille de Verdun, ce qui fut fait le. Pour les anciens poilus, cette médaille avait bien plus de valeur que la Légion d'Honneur ou la Médaille Militaire. Les noms des soldats de Verdun sont inscrits sur le registre qui est déposé dans la crypte du monument à la victoire élevé en plein centre-ville et sur les livres d'or entreposés dans le musée de guerre de la Ville de Verdun.

Il y a très longtemps, la sœur de Gaston, ma grand-tante Rachel, me remit un petit carnet à la couverture cartonnée bleue en m'expliquant qu'il avait appartenu à son frère. Sans doute m'avait-elle choisi pour cette transmission car elle savait que j'écrivais des poèmes et ce carnet en contenait. Gaston y avait également consigné, du mois de février 1914 au mois de décembre 1915, ses états d'âme, des notes relatives à ses occupations militaires, le tout illustré de dessins en couleurs.

J'ai décidé à mon tour de devenir passeur de mémoire en éditant ce carnet afin que tous les membres de la famille, et plus largement toutes personnes intéressées, puissent en prendre connaissance. Je l'ai fait précéder de quelques documents concernant Gaston et le lieu de son décès.

Alain Rousseau

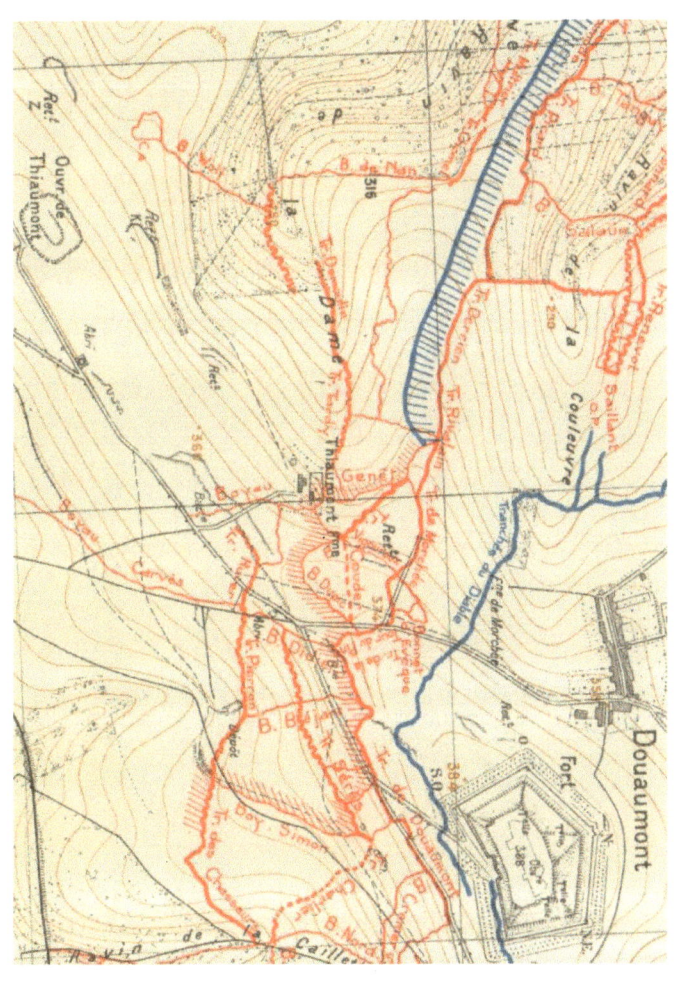

Carte du ravin de la Dame en avril 1916 avec les positions françaises en rouge et allemandes en bleu

17. - La Bataille de Verdun. - Le Ravin de la Dame, surnommé le Ravin de la Mort. A droite de la Route, le Bois du Chauffour ; à gauche, le Bois de Navvé

Camp de prisonniers Darmstadt, le 18 Octobre 1916.
Monsieur, j'ai le douloureux devoir de répondre à votre lettre du 28-9. L'aspirant Gaston Rousseau de la 11ᵉ Cie, du 137ᵉ, est tombé à mes côtés, frappé mortellement d'une balle à la tempe droite (sortie au-dessus de l'œil) le 12 juin à 6 h ½ au nord-nord-ouest de l'ouvrage de Thiaumont, sur la cote 121, entre les lignes françaises et allemandes (il n'a plus donné signe de vie pendant un arrêt fait près de lui) ; alors que ce qui restait de sa section avait du se rendre avec lui. Il a été impossible de l'inhumer sous le bombardement et nous avons été dirigés sur l'arrière. Avec mes condoléances, agréez ma meilleure gratitude.
Gaston (nom illisible)

Circonstances du décès selon un témoin direct

Nom : **Rousseau**	Numéro matricule du recrutement : 973
Prénoms : Gaston Henri Surnoms :	Classe de mobilisation :

ÉTAT CIVIL.

Né le 23 octobre 1896, à Aiffres, canton de Frahecq, département des Deux-Sèvres, résidant à Goux, canton de Plaisance, département du Gers, profession d'instituteur public, fils de Pierre et de Biraud Berthe, domiciliés à Goux, canton de Plaisance, département du Gers.

Marié à

SIGNALEMENT.

Cheveux chât. clair, Yeux bleus
Front vertical, Nez rect. gros
Visage rond, Renseignements physionom. ques complémentaires :

Taille : 1 mètre 59 centimètres.
Taille rectifiée : 1 mètre centimètres.
Marques particulières :

DÉCISION DU CONSEIL DE REVISION ET MOTIFS.

Inscrit sous le n° 30 de la liste du canton de Plaisance
Classé dans la 1.ʳᵉ partie de la liste en 1915.

Degré d'instruction : 4

CORPS D'AFFECTATION.	NUMÉROS	
	au corps ou spécial	matricule au au répertoire.
Armée active.	96ᵉ rég.t d'Infanterie 143ᵉ d° 116ᵉ d° 133ᵉ rég.t d°	1043 13313 12948 14038
Disponibilité et réserve de l'armée active.		
Armée territoriale et sa réserve.		

DÉTAIL DES SERVICES ET MUTATIONS DIVERSES.

Incorporé à compter du 5 avril 1915. Arrivé au Corps le 6 avril 1915
Détaché au 1ᵉʳ Sallie Passé au 143ᵉ reg.t d'infanterie le
20 août 1915. Passé au 116ᵉ Reg.t d'Inf.ie le 7 octobre 1915. Passé
au 144ᵉ R.t d'Infanterie le 31 Mars 1916.
Caporal le 16 Mars 1917. Sergent le 30 avril 1917. disponible le 1ᵉʳ septembre
tué à l'ennemi le 15 juin 1918 à Chavonnont (Aisne) cote 181 belle à la
cuisse droite — Avis m.el du 15-12-18 —

LOCALITÉS SUCCESSIVES HABITÉES PAR SUITE DE CHANGEMENTS DE DOMICILE OU DE RÉSIDENCE.

Dates.	Communes.	Subdivisions de régions	

ANTÉCÉDENTS JUDICIAIRES ET CONDAMNATIONS.

CAMPAGNES.

Campagne contre l'Allemagne
du 5 avril 1915 au 19 juin 1918.

BLESSURES, CITATIONS, DÉCORATIONS, ETC.

Fiche de matricule

PARTIE À REMPLIR PAR LE CORPS.

Nom **ROUSSEAU**

Prénoms *Gaston Henri*

Grade *Aspirant*

Corps *13ème Régiment d'Infanterie*

N° Matricule : *11438* au Corps. — Cl. *1916*
973 au Recrutement *Mirande*

Mort pour la France le *12 Juin 1916*

à *Thiaumont (Meuse)*

Genre de mort *Tué à l'ennemi*

Né le *23 Octobre 1896*

à *Niffes* Département *Deux-Sèvres*

Arr¹ municipal (p' Paris et Lyon), à défaut rue et N°.

Jugement rendu le *28 octobre 1920*

par le Tribunal de *Dax*

acte ou jugement transcrit le *11 Décembre 1920*

à *Peyrehorade (Landes)*

N° du registre d'état civil

269-708-1922. [26434]

Attestation de décès « Mort pour le France »

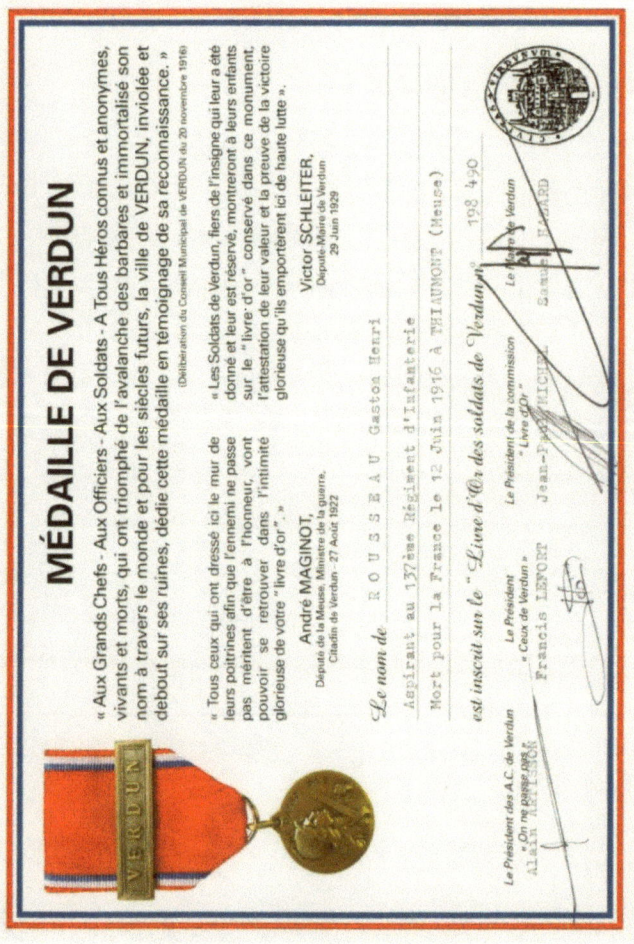

Diplôme de la Médaille de Verdun

Mon cher ami,

Toi qui depuis déjà longtemps as pénétré tous mes secrets et toutes mes pensées, toi à qui j'ai toujours cru donner un bon conseil – pardonne, frère aîné – tu es devenu quelqu'un de nécessaire dans la vie de mon âme. Peut-être fus-tu le seul.

Bien que tu connaisses aussi bien que moi ma petite idylle avec P.M., il est certainement bien des choses qui t'auront échappé et qui, par la suite, t'auront empêché de voir clair dans ma conduite qui, si souvent, t'a paru excentrique.

Tu croiras peut-être que ce retour du passé est fait pour m'assombrir l'âme ; nullement mon ami, car c'est en étranger que je vais me juger, ou du moins en homme qui est certain de n'être attaché par d'autres liens que ceux qui restent sur un cœur et qui marquent la place de celui qui n'y est plus.

La vie me dégoûte, je ne fais que la subir. Je ne l'aime plus parce qu'elle me laisse voir la triste réalité des choses qu'elle m'a hélas trop longtemps cachées. Ne crois pas pour cela que je sois lâche et que je recule devant elle, non, je me sens prêt à lutter et qui plus est, à vaincre.

Néanmoins, ce retour au passé me réchauffera le cœur et pendant quelques heures, mon âme revivra sa douceur du passé.

Quant à toi – juge trop indulgent de mon humeur – en lisant ces lignes, tu chercheras à t'imaginer le philosophe que j'étais jadis et tu seras content.

Biscarra, 11 février 1914

Ne vous est-il jamais arrivé d'avoir le cœur plein d'une tendresse infinie qui déborde sur tout le monde et même sur vos ennemis ? Vous voudriez trouver quelqu'un vers qui vous épancher, à qui vous puissiez livrer votre âme ; quelqu'un qui vous plaigne ; quelqu'un qui vous aime. Toute jeune fille rencontrée est faite pour vous plaire et pourtant, vous n'êtes pas heureux, vous cherchez, souvent vainement, un idéal, et toutes vos journées ne sont que des enquêtes.

Tel était l'état de mon âme quand un soir de juin, je rencontrai la jeune amie que vous connaissez bien et que pour les besoins de la cause, nous appellerons Paule.

Mon état d'esprit était celui des jeunes étudiants qui attendent les vacances avec une grande impatience, espérant sans doute que l'insouciance du lendemain mettra fin à la douleur de leur sensibilité.

Rappelez-vous donc un peu ce mois de juin et dites-moi si vous n'avez pas été ainsi : plus de travail, plus de goût des choses intellectuelles !

J'étais dans les meilleures conditions pour aimer et être aimé. Paule se posa sur mon chemin comme une rose qui se penche sur sa tige fatiguée d'embaumer la nature et se réclamant d'une âme ; je l'ai cueillie, à ma place, auriez-vous eu le cœur assez dur pour la laisser se faner ?

Juin jetait sur toute chose un besoin de vivre sans pareil ; la campagne encore échauffée par le soleil disparu depuis quelques instants laissait s'exhaler de son sein un souffle délicieux ; une brise légère faisait respirer d'aise. Jamais je n'avais causé si longtemps avec Paule que ce soir-là. Après un tête-à-tête d'une heure sous sa fenêtre, je devais la laisser ; je ne lui avais point dit combien je l'aimais, et si elle l'avait deviné, elle l'avait aussi jalousement caché.

Vu toutes les conditions de mon âme que je vous ai déjà montrées, n'était-ce point là la femme que je cherchais, celle que je devais aimer ? Pour moi, nulle autre ne la pouvait remplacer. Son petit œil noir et malin semblait si bien laisser lire en elle que je ne voulais plus douter. Elle saurait m'appartenir, j'en fis le serment. Vous qui me connaissez assez pour connaître mon caractère, vous savez que lorsque je désire ardemment quelque chose, je l'obtiens souvent – je ne dis pas toujours.

Dès lors, ce soir de juin, je n'eus qu'un but – bien secret il est vrai – celui de m'approprier cette jeune brune qui m'avait plu.

Cependant, les jours s'enfuyaient rapidement, me laissant chacun leur déception, leur illusion ; pourtant, j'avais confiance en moi-même, et à deux jours de quitter la belle, mon cœur était encore plein d'espoir.

Si à ce moment précis, j'avais connu ce qu'une semblable conquête coûtait de douleurs, malgré la promesse que je m'étais faite, soyez certain que le soir même, j'aurais pris le train pour aller vous rejoindre ; mais ignorant convaincu, j'ai cru la vie faite pour me sourire et la femme pour me suivre, hélas !

Si je vous eusse tenu au courant de ce qui se passait, je suis certain que comme moi, vous auriez espéré !

J'espérais donc quoi exactement ? Je ne sais mais au moins quelque bonne fortune avec ma brune amie.

C'était le vingt-huit juillet - date mémorable – je portais à la poste la lettre dans laquelle je vous annonçais mon prochain départ. C'était le soir, il faisait bon vivre. Il ne me manque qu'elle aujourd'hui pensais-je.

Je la rencontrai sur mon chemin, devinez un peu où elle allait mon ami, « à la poste ». Nous y fumes ensemble et à la faveur de la nuit, nul ne vit mon bras presser sa taille adorable. Nous échangeâmes quelques mots de la plus banale stupidité, puis je lui proposai d'aller faire quelques pas dans la campagne embaumée. Je ne vis point la rougeur qui lui monta au visage, mais je la devinai à la façon dont elle me répondit : on va m'attendre à la maison. Je ne répondis point à cette demi-interrogation et je l'entraînai à pas légers vers l'endroit que vous connaissez bien. Ne vous souvient-il pas de ce tournant dangereux dont nous eûmes si souvent à parler et de cette rue en pente où il y avait toujours tant de boue ? C'est par là que nous partîmes. Je passai là de belles heures ; et ces moments, je les regretterai toujours.

Une légère brise nous caressait le visage et faisait onduler ses beaux cheveux noirs. De pâles rayons de lune qui éclairaient à demi toute chose lui faisaient placer partout des fantômes au moindre bruit de feuilles sous nos pas, elle se serrant contre moi, me pressant la main comme pour me dire de la protéger. Oui, elle pouvait avoir confiance, je me sentais fort ce soir-là, car je l'aimais de toute mon âme et je crois que pour elle, j'aurais tout délaissé. Je le fis du reste.

Je ne sens pas la force de continuer et de terminer un récit que je voulais ineffaçable. Je laisse tout dans l'oubli et dans le souvenir.

La Grande Maladie de l'âme, c'est le froid.

Avril 1914

Pourquoi ?

Pourquoi quand nous aimons n'est-ce pas pour la vie ?
Pourquoi des déceptions quand nous sommes
[heureux ?
Pourquoi nos plus beaux jours sont-ils jours de folie ?
Pourquoi est-il des pleurs, pourquoi des malheureux ?
Pourquoi quand le bonheur coule à flots et nous grise,
Est-il un lendemain qui nous fera pleurer ?
Pourquoi les jours heureux fuient-ils avec la brise ?
Un souffle les emporte et pour l'éternité.
Pourquoi les souvenirs qui font aimer la vie
Se perdent-ils un jour pour ne plus revenir ?
Un vieux veille et punit, pourquoi, c'est son envie,
Il est le créateur et il nous fait souffrir.

Dieu, c'est tout ce qui s'enchaîne que nous ne comprenons pas.

27 septembre 1914

La Conscience

Lorsque Alice Bérot, vêtue d'un grand manteau,
Courrait dans Cauterets, et par mots et par vaux,
Comme le soir tombait, Lucie Salles arriva
Devant elle essoufflée : « J'ai rencontré là-bas
Les deux instituteurs : ces deux grands empaillés
M'ont même demandé de les accompagner !
Pourtant, j'ai le béguin ! ». « Moi aussi » dit Alice,
« Mais ma foi, il faut bien montrer quelque malice ».
Marie Court au long nez vint à passer par là.
Écoutant leur discours, elle rit aux éclats :
« Songez bien que l'amour est un oiseau cruel,
Qui veut trop embrasser peut se brûler les ailes »
Dit cette mijaurée. Elle n'en savait rien
Et téter un peu plus lui aurait fait grand bien.
Et Jeanne Bertoulet au loin hochait la tête,
La vilaine. Ses yeux avaient un regard bête.
La lune parcourait le ciel tout étoilé,
C'était l'heure que Dieu avait fait pour aimer.
Sur un banc, désolée, Marie Puyo rêvait,
Tandis que près de là un couple s'enlaçait.
On entendait au loin les échos des grand-routes,
C'était l'heure tranquille où Lubie prend sa goutte.
Marie-Louise Lacaze, au visage poupin,

Essayait dans la rue de faire quelque béguin.
Parmi ces belles fleurs apparut la plus belle
Et la plus délicieuse : Léontine Mengelle.
Mais revenons un peu vers notre rue de Pauze :
On entend bavarder devant les portes closes.
La maison Sapina tient le club ce soir-là,
Et Jeanne Bordenave est toujours un peu là.
Le scrutin est ouvert, sur de petits papiers,
On écrit en cachette de belles vérités.
Pétronille, Aglaé, et chacune à leur tour,
Sans la moindre pudeur ont dit tous leurs amours
Et ce qu'il s'en suivit. Mais au même moment,
Jeanne Lacrampe entra faisant du boniment :
Elle avait tout le jour travaillé sans relâche
Pour Jeanne Cazabonne à la belle moustache.
Marie Sarthe, en passant, toussa dans un refrain
Et cela se passait dans des temps très anciens.
Elle n'avait pas grandi, pas plus qu'une carotte,
Et ne dépassait pas la hauteur d'une botte.
La belle Soubirous dans sa chambre dormait,
Rêvant qu'un inconnu à Pauze l'embrassait.
Mais Thérèse Gézat, sur la place des Thermes,
Cherchait son amoureux avec une lanterne.
Assise sur son lit, Catherine Moulettes
Se tirait quatre puces et puis se rendormait.
Elise Bordenave, ce joli petit cœur,
Lorgnait par sa fenêtre le grand instituteur.
....[2]

Ceux-ci se demandaient, le soir, sur l'esplanade,
Quel Dieu, quel bienfaiteur, dans une promenade,

---

[2] Manquent deux vers découpés par l'auteur.

Avait sur Cauterets négligemment jeté
Tout ce vol de beautés douces et parfumées.

Cauterets, octobre 1914

en collaboration :

        Rousseau   Artiguenave

« Les vieux souvenirs sont les cheveux blancs du cœur ».

Le Conseil de la Place

Ils étaient douze autour d'une sombre dépêche.
Pucheu pour l'occasion avait un air revêche,
Donnait à son béret les trente-six positions,
Ce qui plongeait les autres en la stupéfaction.
La séance s'ouvrit vers midi moins vingt-cinq,
Après que tous les douze eurent levé la main.
Le gros Masson tapait sur sa grosse bedaine,
Le vent qui en sortait sentait la marjolaine.
Ménica, reniflant, faisait drôle de bille,
Il venait de casser sa troisième béquille.
Le Canaque aux yeux bleus s'absenta cinq minutes
Car il ne voulait pas se mêler à la lutte
Qui s'engageait. Briand prit la parole et dit :
« Von Kluck est un cochon et Guillaume son maître,
Mort à la vieille louve et à tous ses petits ! »,
Courbé comme un cheval qui sent venir son maître.
Picolet, en passant, salua ce discours
Digne d'un chef d'orchestre ou bien d'un troubadour.
Piron, sous son pommier, songeait aux pics des monts,
Au géant Vignemale qui porte haut son front.

Longué, garde-champêtre, alors se demandait
Où était le Kronprinz et ce qu'il nous voulait.
Culoutou, relevant sa stature imposante :
« Dechats parla[3] Briand car il cause très bien,
Il aime le vin blanc bien plus que les Prussiens ».
Celui-ci continua d'une voix éclatante.
Moricau arrivait, transportant un panier,
Un chien noir le suivait qui sentait le fumier.
Cette odeur ranima les esprits abattus,
Mais là, le père Boudieu voulant parler se tut.
« Je veux habiter sous la terre » dit Lagrave,
« Je serai bien plus près pour mirer la camarde.
Je suis un bon Français, un très bon patriote,
Mais j'aime mieux aller nuit et jour en roulotte
Que me faire écharper par une baïonnette.
Cela me fait trembler ! Ah, saperlipopette ! ».
« J'aimerais mieux coucher ce soir au Mercadeau »
Dit Lestable. Il fit rire en passant un badaud.
Pourtant, dans son béret, Briand se demandait
Pourquoi les Allemands sur Paris accourraient,
Pourquoi la triste guerre se tournait contre nous,
Et en tirant la langue il s'en mordit le bout.
Alors, il regarda le ciel profond et sombre,
Vers le Cabaliros qui de blanc se couvrait.
Il aperçut un casque errant dans la pénombre,
Sa pointe toute rouge dans le sang se baignait.

---

[3] « Laissez parler » en patois local.

Il rugit, recula, se frotta la paupière,
Un képi triomphant volait dans l'atmosphère.

                          Artiguenave – Rousseau

Cambronne

Nymphes échevelées et vous sylphes des bois,
Pour chanter les héros, prêtez-moi votre voix !
Prêtez-moi vos accents, bergers ! Et vous bergères
Qui valsez dans la nuit, gracieuses et légères,
Tandis qu'un chevrier fait pleurer sous ses doigts
La flûte de roseau et le fifre de bois,
Prêtez-moi pour chanter vos voix mélodieuses !
Mais vous fuyez ainsi que des biches peureuses
Par les près embaumés où chantent les grillons,
Par les bois qui s'éveillent où sont les blonds rayons
De votre amie des nuits, de mon amie la lune,
Et vous m'abandonnez pensif dans la nuit brune.

> Fauvette craintive
> Et brise plaintive,
> Vous, joyeux hautbois,
> Musicien d'élite,
> Prêtez-moi donc vite
> Votre douce voix.
>
> Ah ! Si tu refuses,
> Toi, ma belle muse,

De prêter la voix
À l'humble poète
Qui perdant la tête
Ne peut rien sans toi,

Moi je démissionne !
Trompette claironne,
Mon brave Rousseau,
Le fameux héros pour lequel je sonne,
C'est le grand Cambronne
Et son fameux mot.

Théo Mouton de Tourrenquets

Pour prendre le train, il faut aller à la gare parce que

La garde meurt et ne se rend pas

Boisson de Pierrefitte

L'autre jour en fouillant dans un infect grimoire
À demi effacé et rongé par les rats,
De deux jeunes amants, j'ai lu la tendre histoire.
Je vais te la conter car elle te plaira.

C'estait quand couronnant la cime des coteaux
Et gardant les vallées, altières sentinelles,
Se dressaient imposants et sombres les châteaux,
Séquestrant dans leurs murs les femmes les plus belles.

Dans un de ces manoirs qui a nom Mirepoix
Et qui dans le ciel bleu jette encore ses tourelles
De lierre tapissées de leurs pieds jusqu'au toit,
Vivait un ange blond qui avait nom Gisèle.

Son père, un vieux guerrier partant pour le tombeau,
Jaloux de son trésor, de son aimable fille,
La confia au marquis, un triste hobereau,
Marquis de Tourrenquets et duc sans estampille.

Celui-ci convoitant le titre de baron
Et de Gisèle aussi, sans doute, la fortune,

De l'adorable enfant aux soyeux cheveux blonds
Voulait faire sa femme ! Oui mon Cher, sans rancune.

Dans un château voisin, tout près de Maravat,
Un page de vingt ans au cœur plein de courage…
Le reste fut, ami, dévoré par les rats.
Je ne puis te conter ce que disaient ces pages.

Mais enfin, raisonnons ! Comme disait Pagnet,
Imaginons un peu le reste de l'histoire.
Le page de vingt ans tua le marquis, net,
Et fut heureux, du moins, permets-moi de le croire.

Pour copie conforme
10 novembre 1914

Signé : Théo de Tourrenquets
Certifié

Adieu Cauterets

Tel un corbeau chassé des plaines monotones
En de plus hauts sommets, j'aspirais à plus d'air
Et je vins près de toi, montagnard qui couronne
Tes montagnes de chants et tes chansons d'éther.

Le travail était là, je ne savais que rire
Et je faillis crever de peines et de chagrin
Devant la solitude, cette ennemie, la pire
Que j'ai jusqu'aujourd'hui rencontrée en chemin.

Vous qui la fîtes fuir, âmes aimables, fines,
Merci. Mon souvenir sera rempli de vous.
L'une fit mon bonheur et l'autre me fit rire.
J'aurai dans la tranchée une larme pour vous.

Un lambeau de mon cœur restera sous vos roches,
Montagnes. Mais gardez toujours bien mon secret.
Gardez-le jusqu'au jour où pour vous sans reproches,
Je viendrai le reprendre, inconnu et discret.

Nul ne me connaîtra et j'aurai pour tout gage...[4]

---

[4] Inachevé

Notes et impressions

1ᵉʳ octobre[5].

Installé définitivement au 81ᵉ de Montpellier. Je suis bien seul ici sans amis, sans connaissances même, et pourtant je ne sens pas trop le vide. Je mange au restaurant, je me promène, je fume. J'irai probablement à l'exercice le matin et voilà. C'est la vie militaire au XVIIe siècle ou je ne m'y connais pas. J'ai écrit ce matin à ma chère aimée et j'attends une réponse avec impatience. Pauvre chère femme. Jamais elle n'aura été semblablement aimée et qui sait, plus tard peut-être, elle en doutera comme elle en a longtemps douté. Je suis las de cette vie vide et sans but ; le front que j'ai parfois redouté m'apparaît enchanté car grâce à lui, je pourrai donner libre cours à mon énergie et à mon initiative brisées jusque là par la subordination de tous les instants.

Q.S.F.R.L.H.

---

[5] 1915

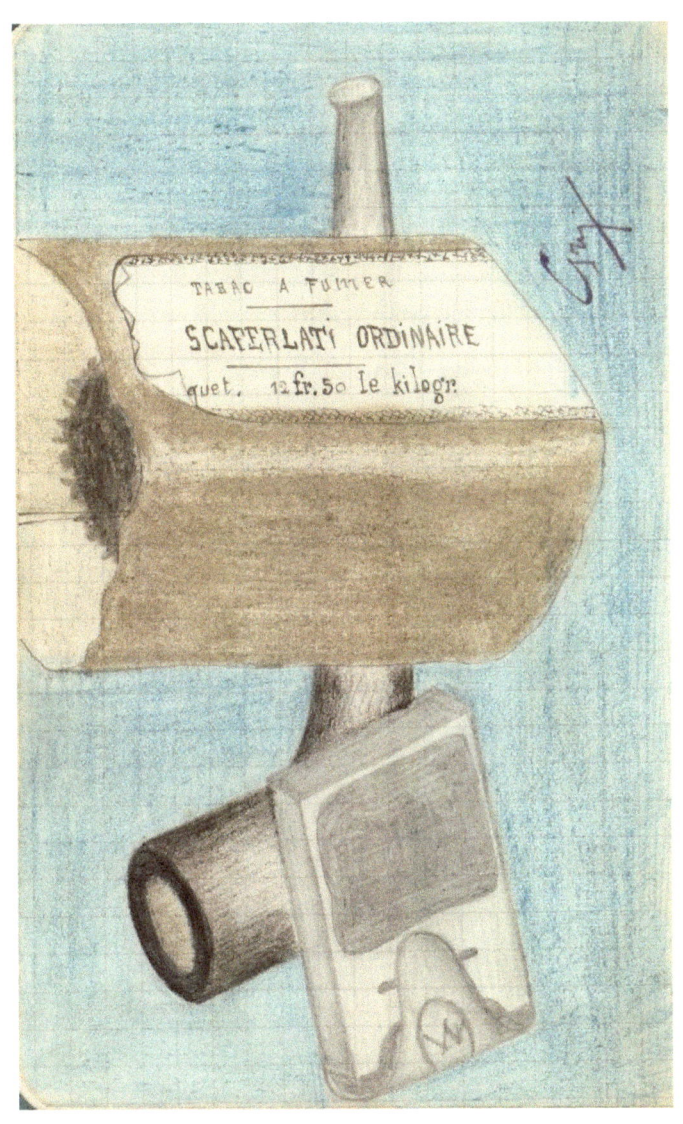

Brescou G. instituteur Lasserade Gers

1 Dambraine Fernand chez M. Aubry 9 rue de la Carrière à Belleville par Verdun

2 Renault Maurice 13 rue de France Pacy-sur-Eure

3 Saurel Baptistin instituteur Sénas (B. du R.)

4 Rousseau Pierre à Goux par Préchac Gers

5 ~~Marie Bordenave à Cauterets Hautes Pyrénées~~

6 Pauline Montoz institutrice à Tirent-Pontéjac par Saramon Gers

Telles sont les ~~six~~ 5 personnes à prévenir au cas où je viendrais à être tué.

4 octobre 1915

23 novembre[6].

Je reviens seul m'asseoir sur mon humble escarcelle
Où jeune adolescent j'ai chanté mes amours.
Un soldat vient de naître à mon âme nouvelle
Mais ce jeune soldat est resté troubadour.

---

[6] 1915

Le soldat

Le ciel a revêtu son grand manteau d'hermine,
Le vent souffle du nord, il fait froid et il bruine.
Un fantassin français à son créneau soudé
Regarde dans la brume un gars qu'il a visé.
Le givre a délavé sa moustache crasseuse,
Immobile et...[7]

---

[7] Suite illisible et inachevée

Mes heures roses

À M. Georges B. Casablanca (M.O.)

Son portait

Il est là devant moi, ami dans mes malheurs,
Souvent bon conseiller, souvent consolateur.
Dans mes sombres moments de dure solitude,
Un œil noir me regarde avec sollicitude.

Le soir quand je m'assieds sur mon humble escarcelle
Pour penser à demain ou pour me souvenir,
Je le retrouve là, où pour songer à elle,
Je le mis le matin. Passé et avenir.

Tu résumes ma vie dans ton petit œil noir.

8 décembre[8]

Comme tu m'aimais bien quand ta lèvre brûlante
Sur mes lèvres glacées venait se réfugier !
J'étais seul dans son cœur me disait mon amante...[9]

Chaud et harmonieux, soufflait le vent d'Espagne
Lentement. Je pensais aux sentiers des montagnes,
Ma mélancolie douce et mon ennui pesant.
(La guerre m'avait offert alors ce beau présent
Et je l'avais subi sans douleur et sans joie).

---

[8] 1915
[9] Inachevé

Voilà qui me laisse aussi froid qu'un aboiement de caniche derrière une grille.

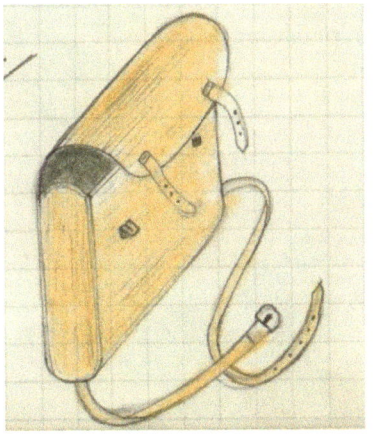

Correspondance

Etienne Rousseau, Brigadier Trompette, 20ᵉ d'Artillerie, 61ᵉ Batterie, Poitiers (Vienne)

Sergent Raoul Galin, Compagnie de Mitrailleuses de la 2ᵉ Brigade, 37ᵉ d'Infanterie, secteur postal 126

Biraud Maximilien, 3ᵉ d'Artillerie lourde, 4ᵉ Colonne légère du 155, par Joigny (Yonne)

J'écris à	1ᵉ oct	Maria
- id -	- d°-	Parents
- id -	- d° -	Pauline
- id -		
- id -		
- id -		
- id -		
- id -		
- d° -		
- d° -		
- d° -		
- d° -		
- d° -		
- d° -		
- d° -		

chambre n° 15 - pas de caporal - 27 lits

chambre n° 14 – 21 lits

chambre n° 1 – pas de caporal – 19 lits – 17 hommes

chambre n° 2 – 18 lits

chambre n° 3 – 16 lits

chambre n° 4 – 18 lits

chambre n° 5 – 20 lits

chambre 12 – 21 lits

chambre 13 – 14 (illisible)

Service du 4 au 5

Punis de prison. 1 cap. de la 30ᵉ
Prison militaire. 1 caporal 30ᵉ
Conseil de guerre le 6 à 8 heures
                1 sergent. Martin
                1 caporal. Garmini
                8 hommes

Service du 5 au 6

Poste des (minimes ?). Sergent Robillard
                1 caporal venu de la 30ᵉ
                6 hommes à désigner
Prison militaire. 1 capo. celui qui est rentré de permission
8 hommes à désigner de 6 jours
1 planton
Patrouille. 1. Martin Serge
            2. Cap Perret

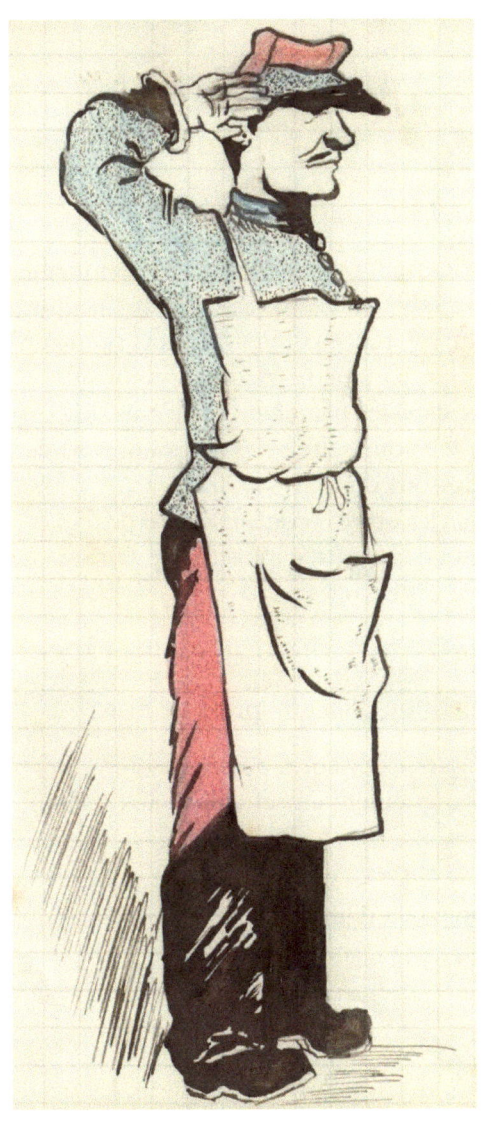

1° Organisation d'un bâtiment isolé

Eloigner les mat. particulièrement inflammables.
Barricader ouvertures du rez-de-chaussée. Organiser les ventanas. Créneaux inter médians pouvant battre le pied du mur, banquettes de tir à 2m du sol.
Créneaux dans les planchers au-dessus du corridor.
Ligne de feu sommaire : élever les tuiles ou écrêter le mur au dessous du toit.
Eau à tous les étages (confort moderne !?).
Préparer une charge d'explosif pour faire sauter la maison en cas de retraite.

2° Organisation d'un groupe de maisons

      lignes extérieures défensives
      flanquement de cette ligne aux saillants

3° Organisation d'un village

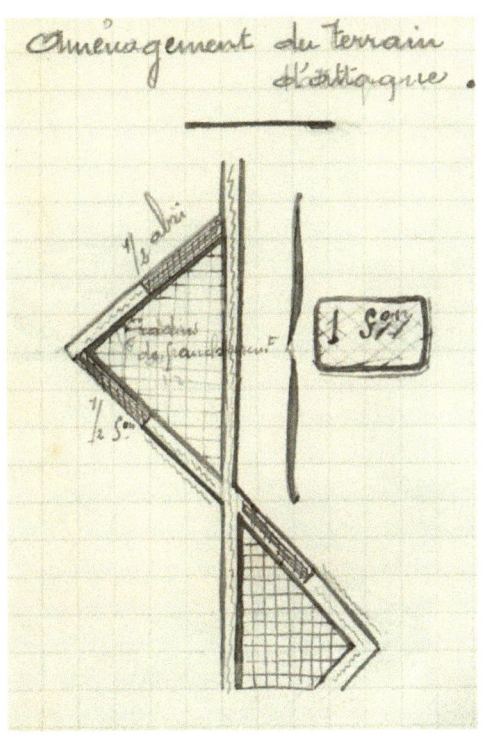